BEI GRIN MACHT SICH IHR WISSEN BEZAHLT

AF131303

- Wir veröffentlichen Ihre Hausarbeit,
  Bachelor- und Masterarbeit

- Ihr eigenes eBook und Buch -
  weltweit in allen wichtigen Shops

- Verdienen Sie an jedem Verkauf

Jetzt bei www.GRIN.com hochladen
und kostenlos publizieren

Sabine Wittig

Aus der Reihe: e-fellows.net schüler-wissen

e-fellows.net (Hrsg.)

Band 15

Analyse und Interpretation einer Textstelle aus "Der Prozess" von Franz Kafka

GRIN Verlag

Bibliografische Information der Deutschen Nationalbibliothek:

Die Deutsche Bibliothek verzeichnet diese Publikation in der Deutschen National-
bibliografie; detaillierte bibliografische Daten sind im Internet über http://dnb.d-
nb.de/ abrufbar.

Impressum:

Copyright © 2012 GRIN Verlag GmbH
Druck und Bindung: Books on Demand GmbH, Norderstedt Germany
ISBN: 978-3-656-53529-4

Dieses Buch bei GRIN:

http://www.grin.com/de/e-book/264140/analyse-und-interpretation-einer-textstelle-
aus-der-prozess-von-franz

GRIN - Your knowledge has value

Der GRIN Verlag publiziert seit 1998 wissenschaftliche Arbeiten von Studenten, Hochschullehrern und anderen Akademikern als eBook und gedrucktes Buch. Die Verlagswebsite www.grin.com ist die ideale Plattform zur Veröffentlichung von Hausarbeiten, Abschlussarbeiten, wissenschaftlichen Aufsätzen, Dissertationen und Fachbüchern.

Besuchen Sie uns im Internet:

http://www.grin.com/

http://www.facebook.com/grincom

http://www.twitter.com/grin_com

Der Prozess - Franz Kafka

Analyse und Interpretation einer Textstelle aus "Der Prozess" von Franz Kafka

Das 1914 – 1915 von Franz Kafka geschriebene Romanfragment „Der Prozess", das 1925 posthum veröffentlich wurde, behandelt die Thematik des Umgangs mit persönlicher Schuld und des Wesens von Gericht und Gesetz.

Das Romanfragment handelt von einem Herrn Josef K., einem Prokuristen, der am Morgen seines 30. Geburtstages verhaftet wird. Ihm wird allerdings kein Grund für seine Verhaftung genannt. Im weiteren Verlaufe des Romanfragmentes wird ein Prozess gegen ihn durch ein sonderbares Gericht geführt, welches sich hinter der Obrigkeit versteckt, aber auch in seinem Kopf findet ein Prozess statt. In diesen Verfahren erfährt K. aber auch keinen Grund, weswegen er überhaupt vor Gericht steht. Seltsamerweise schränken ihn Prozess und Gericht nicht in seinem alltäglichen Leben ein. Die Wächter Franz und Willem, welche ihn morgens an seinem 30. Geburtstag verhaften, werden später verprügelt, weil „[er] sich beim Untersuchungsrichter über sie beklagt hat". Die folgende zu analysierende und interpretierende Textstelle setzt hier ein.

Zunächst einmal wird beschrieben, auf welche Weise K. erstmals auf den Prügler trifft. Er befindet sich noch in der Bank und macht sich gerade auf den Heimweg, als er auf einmal Seufzer wahrnimmt und diesen Geräuschen nachgeht. Schließlich reißt er die Tür, hinter welcher er eine Rumpelkammer vermutet, auf, stellt fest, dass es sich hierbei tatsächlich um eine Rumpelkammer handelt und sieht drei Männer. Bei genauem Hinsehen erkennt er zwei von ihnen als Franz und Willem wieder, als die Wächter, die ihn verhafteten. Die beiden versuchen sich herauszureden, um der Strafe zu entgehen, sie behaupten, dass sie nur wegen K. „gestraft werden, weil [er] sie angezeigt hat". Zunächst bemüht sich K. noch darum, den beiden Wächtern zu helfen, doch dann wendet sich schließlich K. ganz ab, verlässt sogar die Kammer und lässt diese dann am nächsten Tag von zwei Diener aufräumen, doch das Geschehen wird ihm die nächsten Tage nicht mehr aus dem Kopf gehen, was sich vor allem dadurch bemerkbar macht, dass er ganz verstreut ist, sich nicht wirklich auf seine Arbeit konzentrieren kann und um diese zu bewältigen, länger als zuvor im Büro bleibt.

Dieses Verhalten von ihm zeigt eindeutig, dass er obwohl bereits im allerersten Satz des Romanfragments durch den Konjunktiv „ohne dass er etwas Böses getan hätte, wurde er eines Morgens verhaftet", die Schuld da von sich weist, aber dennoch schuldig ist, wenn auch auf einer anderen Ebene. Der erste Satz sagt nichts aus, welche Schuld er explizit von sich weist, aber da gegen ihn ein Prozess geführt wird, liegt es nahe, dass es sich um eine juristische Schuld handeln müsse. Er wird nicht müde, immer und immer wieder seine angebliche Unschuld zu beteuern, allerdings zeigt sich in diesem Punkt auch eine Unsicherheit bzw. Verunsicherung seinerseits, welche besonders durch den Wechsel von Indikativ und Konjunktiv deutlich werden, denn es heißt zum Beispiel „hätte er [Franz] nicht geschrien, so hätte [er], wenigstens noch sehr wahrscheinlich, noch ein Mittel gefunden, den Prügler zu überreden". Diese auch zugleich erzählerische Ironie weist auch auf subtile Widersprüche in seinem Inneren zwischen seinem tatsächlichen und seinem vorgeblichen Bewusstsein hin. Als Leser wird man durch die monoperspektivische, also einsinnige, personale Erzählweise regerecht dazu gezwungen, mit der Hauptfigur, Josef K., mitzufühlen und sich in ihn hineinversetzen zu können. Hier verschmelzen Erzähler und Hauptfigur nahezu ineinander. Andererseits erschwert diese Erzählweise auch, das gesamte Romanfragment nachvollziehen oder verstehen zu können, da man alles nur aus der Sicht von Josef K. erfährt. Josef K., der Prokurist bei einer Bank ist, wird in dieser Textstelle als hauptsächlich überlegend, cholerisch und wenig schuldbewusst dargestellt. Ersteres zeigt sich besonders dadurch, dass er zu Beginn der Prüglerszene die sich in der Rumpelkammer befindenden Personen in der 2. Person Plural, mit „Ihr" anspricht, sowie gegen Ende die beiden Diener in Form eines Imperativs dazu auffordert, „doch endlich die Rumpelkammer aus[zuräumen]!". Dies soll wohl die Sprache der Feudalzeit zwischen Herren und Untergebenen (meist Sklaven) imitieren, um die Verachtung auch sprachlich zu kennzeichnen, sodass K. sich, um seinen eigenen Erwartungen gerecht zu werden, immer wieder mit seinem Gegenüber vergleicht und diese sozusagen „abwertet".

Ebenfalls treten immer wieder Detailbeschreibungen auf, beispielsweise die ausführliche Beschreibung des Hofes, auf welchen K. vom Fenster aus hinunterblickt: „Es war ein kleiner viereckiger Hof, […] ringsherum waren Büroräume untergebracht, alle Fenster waren jetzt schon dunkel, nur die obersten fingen einen Widerschein des Mondes auf [..]." Diese Detailbeschreibungen schaffen eine Atmosphäre, welche aber teilweise im Kontrast zu K.s Situation steht und so auch zu einer gewissen „Unheimlichkeit" beiträgt. In den Beschreibungen taucht auch oft die Lichtregie auf, die oftmals K.s Inneres wiedergeben. Die „dunklen Fenster" könnten darauf hinweisen, dass es K. quält, wie auch im Anschluss daran erläutert wird, dass er das Prügeln nicht verhindern konnte. Denn Dunkles deutet oftmals eine gewisse Niederlage, was man auch erkennen kann, dass es „abends" war, als Josef K. dem Prügler erstmalig begegnet und in der Rumpelkammer nur „eine auf dem Regal festgemachte Kerze ihnen Licht gab", währen die Wächter für ihre Schuld, dass sie sich nicht einwandfrei in K.s Wohnung benommen haben, bestraft werden. Der „Widerschein" des Mondes deutet zweifach darauf hin, dass K. die Schuld, dass die Wächter geprügelt werden, von sich schiebt, denn Licht bedeutet ja auch Klarheit und dass man deutlich sehen kann. Das „Wider" im „Widerschein" weist darauf hin, dass es nicht das Licht vom Mond selbst ist, welches sich in den obersten Fenstern widerspiegelt, denn dieser erhält sein Licht von der Sonne, die ihn anstrahlt. Daher könnte es sein, dass er die Sonne als die Schuld der Wächter ansieht, von welcher die Strafe, also die Prügelei ausgeht und er selbst nur der Mond sei, der nicht wirklich Schuld ist, sondern sich nur über das Benehmen der beiden beklagt hätte, aber keinerlei Schuld deswegen daran trägt.

Vor allem dies lässt darauf schließen, dass Schuld hier bei Josef K. nicht allgemein definiert werden kann, es hängt letztendlich von den Instanzen ab, nach welchen seine „Schuld", insofern es sich um eine handelt, beurteilt werden kann. Ein Aspekt trifft hierbei ganz sicher zu, nämlich der der psychologischen Schuld, welche sich vor allem in seinen Schuldgefühlen äußert. K. kann sich nicht zurückhalten, er schreit regelrecht, handelt schnell und auch übertrieben, indem er beispielsweise die Tür „zuwirft", nicht einfach nur schließt. Zudem wird nichts Genaues gesagt, ob es ihm heißt ist oder etwa stickige Luft im Zimmer herrscht, aber er „öffnete [das nahe] Hoffenster", um sich, in welcher Weise auch immer, Erleichterung zu verschaffen. Des Weiteren spielt er die Situation hinab, indem er dem Diener gegenüber behauptet, es würde nur ein Hund auf dem Hof schreiben, diese Aussage ist sehr merkwürdig, Hunde schreien nicht, dies tun nur Menschen, sondern sie bellen. Diesen Vergleich mit einem Hund könnte man wieder darauf beziehen, dass er sich den anderen gegenüber als weitaus überlegen ansieht. Im Folgenden wird klipp und klar gesagt, das „es ihn quälte, dass es ihm nicht gelungen war, das Prügeln zu verhindern" und dass „auch noch am nächsten Tage K. die Wächter nicht aus dem Sinn kamen; er war bei der Arbeit zerstreut […]". Weitere Reaktionen von ihm sind, dass er gegen Ende der Szene sogar „fast weinend"(!) zu den Dienern rennt, nachdem „[er] die Tür [zuwarf] und noch mit den Fäusten [gegen die Tür] schlug."

Beide Parteien sozusagen, der Prokurist und die Wächter, schieben ihre Schuld jeweils vn sich, aber beispielsweise an den erläuterten Körperreaktionen wird klar, dass vor allem Josef K. dennoch neurotische Schuldgefühle hegt.

Einen weiteren Aspekt dieser Schuld ist sicherlich, dass K. die Möglichkeit hat, welche er anfangs auch wahrnimmt, die Wächter vor dem Prügeln zu bewahren. Das Verlassen der Kammer, welches unweigerlich eine unterlassene Hilfeleistung bedeutet, könnte als religiöse Schuld gewertet werden, da es in den zehn Geboten steht: „Du sollst deinen Nächsten lieben , [wie dich selbst]", was so viel bedeutet, dass man so handeln sollte, wie man möchte, dass ein anderer mit einem selbst umgeht. K. wirbt im Verlaufe seines Prozesses vor allem Frauen für sich, die ihm helfen sollen, er nutzt alle schamlos dadurch aus, was zweifellos eine Sünde ist, zugleich deutet dies ebenso auf eine moralische Schuld hin, da er wie gesagt, seinen eigenen Erwartungen nicht gerecht wird, weil er sich immer mit seinem Gegenüber in diesem Fall sich mit den Wächtern vergleicht. Den entscheidenden Aspekt, die juristische Schuld, die ja eigentlich vorhanden sein müsste, da er ja verhaftet wurde und ein Prozess gegen ihn geführt wird, den kann man hier nicht finden, da nichts Näheres über das Gericht und die Verhaftung von K. erläutert bzw. ausgesagt wird. Juristische Schuld bedeutet nämlich, dass jemand eine subjektive falsche Tat vollbracht hat, die objektiv nachgewiesen und beurteilt werden kann, so dass die betreffende Person dann auch ihre Strafe erhält, deswegen auch Strafrecht. Dies soll auch ein begangenes Unrecht der Gerechtigkeit halber wieder gutmachen.

Eine weitere auffällige Sache ist die erlebte Rede, die die Zwischenstellung zwischen objektiven Erzählen und persönlicher Perspektive ist, und bei Kafka die inneren Vorgänge der Personen darstellen soll. Aufgrund der monoperspektivischen Erzählweisen werden somit innere und äußere Handlung miteinander verknüpft. K. ist definitiv schuldig, weil er eine Hilfeleistung unterlässt, die Schuld äußert sich bei ihm in den beschriebenen Schuldgefühlen. Sein Umgang damit äußert sich, dass er sehr darauf bedacht ist, dass niemand von der Verprügelung in der Rumpelkammer mitbekommen soll, andere Reaktion, wie dass er Franz zusätzlich stieß, schiebt er auf seine Aufregung zurück und zuletzt ist er der Meinung, dass er dies vergessen könne, indem er die Rumpelkammer ausräumen lässt und dies mit: „Wir versinken ja im Schmutz!" kommentiert, womit er erreichen will, dass die Prügelei und das Chaos beseitigt wird und stellvertretend dafür steht, dass er die Erinnerungen und die damit verbundenen Gegenständen möglichst schnell aus seinem Kopf bzw. seiner Umgebung haben möchte. Dem Leser werden hier verschiedene Facetten des Josef K. dargestellt, erscheint er doch einerseits als trotziges Kind, indem er weint, ruft und mit den Fäusten schlägt, andererseits aber auch als der vorbildliche Prokurist, der sich nichts zu Schule kommen lassen möchte, da er nach höheren Positionen strebt und sich noch nicht am Ende seiner Karriereleiter angelangt sieht.

Mag die besondere Erzählweise Josef K. dem Leser auch näher bringen, so nimmt doch das Groteske das Pathos, indem die Unfassbarkeit der Situation betont wird und das Werk Kafkas als schwierig zu lesen trotz der verständlichen Sprache wahrgenommen wird, weil es sehr vielschichtig ist und auf verschiedenen Ebenen verstanden werden kann, da die Thematik des Umgangs mit persönlicher Schuld und des Wesen von Gericht und Gesetz behandelt wird, aber letztlich nicht eindeutig festgelegt ist, welche Ebene damit genau gemeint ist.

Auch die Schuldfrage hängt wie bereits erwähnt, davon ab, nach welchen Instanzen sie beurteilt wird, eine allgemein „Schulderklärung oder –erläuterung" gibt es nicht.